www.tredition.de

AF204232

Fraternisieren verboten !

Unsere Tante Amalie hängt Erinnerungen nach - Flüchtlingserlebnisse in Dänemark

© 2020 Tante Amalie

Verlag & Druck: tredition GmbH, Halenreie 40-44, 22359 Hamburg

ISBN:

978-3-347-04628-3 (Paperback)

978-3-347-04629-0 (Hardcover)

978-3-347-04630-6 (e-Book)

Bibliografische Information der Deutschen Nationalbibliothek:

Die Deutsche Nationalbibliothek verzeichnet diese Publikation in der Deutschen Nationalbibliografie; detaillierte bibliografische Daten sind im Internet über http://dnb.d-nb.de abrufbar.

Unsere Tante Amalie war der Verzweiflung nahe: durch ein Versehen hatte unser Onkel Franz beim Umbau ihrer Wohnung im Frühjahr 1969 die Aufzeichnungen in den Müll geworfen, Tante Amalies Aufzeichnungen, an denen sie so sehr hing, in denen sie allzu gern blätterte! Es waren die Aufzeichnungen ihrer Internierungszeit in Dänemark. Wenn wir Nichten und Neffen bei unserer Tante zu Besuch waren, forderten wir sie des Öfteren auf, uns „von damals" zu erzählen, und sie tat es ohne Umschweife. Sie sprach immer ein wenig belustigt über ihre Dänemark-Erlebnisse, obgleich diese im Grunde genommen doch sehr hart für unsere Tante gewesen sein müssen. – Und nun waren diese Aufzeichnungen fort ! Tante Amalie wurde seltsam traurig; es war, als ob sie erst jetzt endgültig Abschied nahm von ihrer Zeit in Dänemark.

Tante Amalies Erzählungen fingen meist mit ihrer „Flucht aus Hamburg" an. Sie war im Juli 1943 in Hamburg ausgebombt worden. Mit ihren beiden Kindern Wolfgang, 3 Jahre alt, und Monika, 1 Jahr alt, fand sie in der Ostprignitz eine Bleibe. Ob sie Lust hätte, in einer Mühle zu wohnen, fragte sie der Bürgermeister des Ortes, als der Zug, in den sie mit ihren Kindern als frisch Ausgebombte in Aumühle bei Hamburg eingestiegen war, in Fretzdorf hielt und endlich seine letzten Flüchtlingsfahrgäste loswerden wollte. Und ob die Tante Lust hatte! Eine Mühle, wie romantisch ! Diese „romantische" Mühle entpuppte sich zwar als Großbetrieb, der für die ganze Ostprignitz das Getreide mahlte, und wenn die Güterzüge direkt vor der Mühle hielten, um Getreide zu bringen und Mehl abzuholen, so musste die Tante sehr auf ihren Sohn achtgeben, dass dieser in seiner Wildheit weder unter die Räder kam noch sich im Bremshäuschen versteckte, um ein bisschen mitzufahren ! Auf der anderen Seite aber war es natürlich für unsere Tante sehr angenehm, laufend mit Mehl und elektrischem Strom aus Eigenerzeugung versorgt zu werden!

Als jedoch im April 1945 die Russen immer näher rückten, zog die Tante es aber vor, sich vom Bürgermeister die Genehmigung für eine Reise nach Schleswig-Holstein geben zu lassen. Ohne Genehmigung gab es ja damals keine Fahrkarten! In Schleswig-Holstein nämlich wohnte die Freundin unserer Tante, die ihr schon 1943 ans Herz gelegt hatte, im Falle einer Ausbombung zu ihr zu kommen.

1943 zwar hatte die Tante ihren Rat nicht befolgt, jetzt aber hatte sie eine höllische Angst nicht nur vor den Russen, sondern auch vor der Zerstörung des Mühlenbetriebes. Hinzu kam auch, dass unsere Tante jetzt die Verantwortung für drei Kinder zu tragen hatte, denn inzwischen hatte sich der kleine Lutz zu ihnen gesellt, der gerade 7 Monate alt geworden war.

Am 18. April 1945 setzte sich Tante Amalie mit ihren drei Kindern in den Zug nach Schleswig-Holstein. Immerhin dauerte es zwei Tage, bis sie bei ihrer Freundin eingetroffen waren. Aber o weh! in dem Ort in Schleswig-Holstein erhielt unsere Tante keine Lebensmittelkarten; man stellte dort fest, dass sie kein „echter Flüchtling" aus den bereits von den Russen besetzten Gebieten, sondern nur „vorsorglich" aus Fretzdorf fortgefahren war. Ein Leben ohne Lebensmittelkarten war natürlich unmöglich, und so sah sich unsere Tante gezwungen, mit ihren Kindern weiterzuziehen, und zwar dorthin, wo man ihr Lebensmittelkarten oder Essen geben konnte. Tante Amalies geheimes Ziel war wohl immer Dänemark gewesen, wo ihr Mann Soldat war; er hatte ihr gegenüber in seinen Briefen erwähnt, dass einige seiner Kameraden ihre

Frauen und Kinder nach Dänemark hatten kommen lassen, wo sie bei dänischen Familien Unterkunft gefunden hatten. Aber ob das jetzt noch möglich war?

Nach sicherlich großen Strapazen kam unsere Tante mit ihren Kindern in Flensburg an. Sie erhielten in Mürwik ein einer Schule Unterkunft und Verpflegung. Während ihres Aufenthaltes in dieser Schule wurde plötzlich ihr jüngster Sohn Lutz krank. Er hatte – wie viele andere Kleinkinder – Brechdurchfall und kam in Flensburg ins Diakonissenkrankenhaus. Zu dieser Zeit lief es wie ein Lauffeuer durch die Mürwik-Schule: es fährt noch ein letzter Flüchtlingszug nach Dänemark, voraussichtlich am 3. Mai! Unsere Tante eilte ins Krankenhaus und bat dort um die Erlaubnis, ihren kranken Lutz wieder herausholen zu dürfen, um mit ihm und ihren beiden gesunden Kindern nach Dänemark, ins Schlaraffenland, hineinzufahren. Der Arzt hatte keine Bedenken, wenn unsere Tante das kranke Kind in Dänemark sofort wieder ins Krankenhaus geben würde. Für den Transport nach Dänemark – Tante Amalie hoffte auf eine Fahrt von zwei, vielleicht drei Stunden! - gab ihr das Krankenhaus fertige Babynahrung mit. Tatsächlich verließ der Flüchtlingszug am 3.

Mai Flensburg Richtung Dänemark, und unsere Tante fühlte sich glücklich und erleichtert zugleich, als sie nach kurzer Zeit die Grenze passiert hatte. Womit sie aber nicht gerechnet hatte: der Zug fuhr volle zwei Tage in Jütland hin und her! Die Flüchtlinge, die voller Erwartung in Flensburg in den Zug gestiegen waren, hatten das niederschmetternde Gefühl: hier in Dänemark kann uns offenbar niemand mehr aufnehmen! Und diese lange Fahrt wurde dem Baby Lutz zum Verhängnis: sein Zustand verschlechterte sich zusehends.

Als die Flüchtlinge im Zug schon befürchteten, wieder nach Flensburg abgeschoben zu werden, fand sich in letzter Minute noch eine Unterbringungsmöglichkeit in Tarnborg auf Jütland. Deutsche Soldaten empfingen die deutschen Flüchtlinge auf dem Bahnsteig und führten sie in das dortige Bahnhofshotel, wo sie selbst bis dahin untergebracht waren. Sie hatten aber bereits alle Zimmer geräumt und hielten sich für den Rücktransport nach Deutschland bereit. Hier im Hotel lagen die Flüchtlinge nicht – wie in der Schule in Mürwik – auf den Fussböden auf Stroh, o nein, hier schlief man in weißen Metallbettstellen auf sauberen Matratzen, und zum Zudecken

9

wurde eine genügende Anzahl von Wolldecken verteilt. Während der langen Bahnfahrt waren die Flüchtlinge natürlich schmutzig und hungrig geworden. Zwar erhielten sie an einigen Stationen, wo der Zug manchmal bis zu drei Stunden hielt, von dänischen Organisationen Verpflegung, und wenn das Warten besonders lange anhielt, hofften die Flüchtlinge immer wieder, dass die Aufnahmeverhandlungen von Erfolg gekrönt sein mögen, aber **jetzt** erwarteten sie nichts sehnlicher als ein warmes Mittagessen – und vorher eine Körperwäsche, möglichst unter einer Dusche!

Hier in Tarnborg, so erzählte unsere Tante Amalie, klappte die Organisation ganz großartig; es war schnell ein dänischer Lagerleiter bestellt, der sofort dafür sorgte, dass alle Flüchtlinge ein ausreichendes und warmes Mittagsmahl erhielten. Außerdem gab es genug warmes Wasser und Seife, so dass jeder sich abseifen konnte. Und es dauerte auch nicht lange - und gerade dies war so wichtig für die Flüchtlingsfrauen – bis sie ihre schmutzige Wäsche in der Waschküche des Hotels waschen konnten. Die meisten besaßen kaum noch Wäsche zum Wechseln. Unsere Tante erzählte, dass sie ihre Kinder solange ins Bette steckte, bis ihre Wäsche gewaschen und am offenen Fenster wieder getrocknet war.

Drinnen im Hotel konnten sich die Flüchtling frei bewegen, nur eines durften sie auf keinen Fall: das Hotel heimlich und ohne Genehmigung der Lagerleitung verlassen! Und doch gab es einige „Schnelle" unter den Flüchtlingen, die in dieser kurzen Zeit schon längst ihre Verbindungen nach „draußen" geknüpft hatten und das Ausgehverbot missachteten. Unsere Tante gehörte aber nicht dazu!

Die einzige dringende Sorge für Tante Amalie war nun, ihr krankes Baby in ein dänisches Krankenhaus zu bekommen. Sie musste warten, bis ein dänischer Arzt zu den deutschen Flüchtlingen ins Hotel bestellt war, der sie alle untersuchen sollte. Als dieser nun endlich kam, war der kleine Lutz so schwer krank, dass er schnellstens ins „deutsche Lagerkrankenhaus" in Kongehavn, das von einem österreichischen Arzt geleitet wurde, überführt wurde. Dort lagen nur kranke Kleinstkinder, und es verging kein Tag, an dem nicht eines dieser armen Geschöpfe an Brechdurchfall starb.

Unsere Tante durfte ihr Kind auf der Fahrt ins Krankenhaus begleiten, und der Arzt versprach ihr, sie sofort im Falle einer weiteren Verschlechterung zu benachrichtigen, denn der Kleine hatte jetzt bereits 40 Grad Fieber. Voller Unruhe fuhr unsere Tante zurück zu ihren beiden Kindern in Tornborg. Ein Lichtblick im Bahnhofshotel war für Tante Amalie das Lottchen, ein junges Mädchen aus Schlesien, von dem sie so oft erzählte. Lottchen war auf der Flucht von ihrer Familie getrennt worden, sie war ganz allein und hatte sich meiner Tante angeschlossen. Während der Abwesenheit unserer Tante hatte sie die beiden Kinder Wolfgang und Monika auf rührende Weise versorgt, und nun umsorgte sie auch noch die Tante dazu, die durch die schwere Erkrankung ihres Jüngsten total kopflos geworden war. In den kommenden Tagen wartete Tante Amalie voller Angst auf eine eventuelle Hiobsbotschaft aus dem Lagerkrankenhaus. Da sie aber bereits seit zehn Tagen nichts mehr gehört hatte, war sie wieder voller Hoffnung, dass der Lutz doch noch wieder genesen würde. Eine Fahrkarte, um ihr Kind in Kongehavn zu besuchen, erhielt sie leider nicht. Wer sollte wohl das Fahrgeld dorthin bezahlen? Für solche „Reisen" war kein Geld vorgesehen. Nach zehn Tagen aber kam der dänische Lagerleiter doch zu ihr mit der Nachricht, sie solle sich sofort für eine Fahrt nach dem Krankenhaus fertig machen, ihrem Sohne ginge es sehr schlecht. Für diese Fahrt stellte der Lagerleiter ein Auto zur Verfügung, außerdem gab er unserer Tante zur seelischen Unterstützung eine sehr liebe, ältere Dame aus dem Lager mit. Unsere Tante erzählte uns immer wieder, dass diese Fahr zu ihrem sterbenden Kind das bisher Schrecklichste war, was sie erleben musste! Sie hatte einerseits eine wahnsinnige Angst davor, zu spät zu ihrem Lutz zu kommen, andererseits hatte sie aber auch Angst davor, ihn sterben zu sehen, hilflos bei ihm stehen und für immer Abschied nehmen zu müssen. Der Kleine hatte zu seinem Brechdurchfall eine Gehirnhautentzündung hinzubekommen, und als Tante Amalie ihn nach zehn Tagen wiedersah, schlug er mit seinen kleinen, mageren Händchen ununterbrochen an seine Stirn; er war so mager geworden, dass sie ihn kaum wiedererkennen konnte. Spät abends schickte man sie vom Krankenbette fort in das benachbarte Flüchtlingslager; dort sollte sie weitere Nachrichten abwarten und – wenn es möglich war – versuchen zu schlafen. Ihre

Begleiterin schickte man mit dem Zug wieder zurück nach Tarnborg. Als unsere Tante dann nachts um 2 Uhr wieder an das Krankenbett gerufen wurde, war ihr Lutz inzwischen gestorben.

Am frühen Morgen fuhr sie mit der Bahn wieder zurück zu ihren Kindern und dem Lottchen. Oft erzählte sie uns, dass sie nicht imstande war, diese schreckliche Tatsache zu erfassen; ihr war ständig, als ginge sie als zweites Ich neben sich selbst her. Der österreichische Arzt hatte ihr versprochen, das Kind in zwei Tagen in einem weißen Sarg – wie üblich in Dänemark – nach Tarnborg zu bringen, damit es dort beerdigt werden konnte. Tante Amalie war ihm sehr dankbar dafür, denn im Bahnhofshotel hatte sie gesehen, dass ein kleines Kind, das bei seiner Mutter im Hotel und nicht im Krankenhaus gestorben war, bis zu seiner Beerdigung in einem von einem Flüchtling aus rohem Holz gezimmerten Sarg auf dem nassen Boden der Waschküche des Hotels stand. Dort wuschen die Frauen ihre Wäsche, und um den Sarg nicht mit Wasser zu bespritzen, wurde er in die äußerste Ecke der Waschküche geschoben. Wie mit der Tante verabredet, kam der Arzt nach zwei Tagen mit ihrem Lutz, der inzwischen 8 Monate als geworden wäre. Er hatte den weißen Sarg auf die hinteren Sitze seines Autos gestellt. Ein junger Mann, der auch zu den Flüchtlingen zählte, war der Tante dabei behilflich, den Sarg in einen Raum des Hotels zu tragen, der zwar nicht bewohnt, in dem aber noch Bekleidung für die ehemaligen deutschen Soldaten gelagert wurde, und der sonst abgeschlossen war. Man stellte den Sarg auf einen Tisch, öffnete ihn und brannte zwei dicke Kerzen ab, die der dänische Lagerleiter freundlicherweise gestiftet hatte. Die Tante erhielt den Schlüssel zu diesem Raum, und man bat sie, keinen anderen hineinzulassen. Und so konnte sie ungestört Abschied von ihrem kleinen Sohn nehmen. Schon am kommenden Tag wurde Tante Amalie zum Pastor des Ortes bestellt, der mit ihr die Beerdigung besprechen wollte. Er war ein aus Amerika zurückgekehrter Däne, mit dem die Tante nur – recht und schlecht – Englisch sprechen konnte, denn Dänisch versteht unsere Tante ja nicht. Man verabredete die Überführung des Kleinen in die Leichenhalle von Tarnborg für den nächsten Tag – es war ein Sonntag – pünktlich um 12.00Uhr. Zu der Zeit sollten die Glocken der Kirche in Tarnborg läuten, und der Pastor wollte dann die Mutter mit dem toten Kind an der Eingangspforte zum Kirchhof in Empfang nehmen. Das war eine Geste, für die unsere Tante ihm natürlich äußerst dankbar war! Sie musste also am folgenden Tag spätestens um ¼ vor 12 Uhr mit dem Sarg das Bahnhofshotel verlassen, um genau um 12 Uhr an der Eingangspforte zu sein. Der dänische Lagerleiter bestimmte einen jungen Mann aus dem Lager, der mit der Tante zusammen den Sarg überführen sollte. Der nächste Tag war ein Regentag, ein richtiger „Heultag". Um rechtzeitig mit dem Sarg fortzukommen, bekamen der junge Mann und unsere Tante ihr Mittagessen schon um ¼ nach 11 Uhr – statt wie sonst um ¼ vor 12 Uhr. An diesem Tag nun gab es etwas Besonderes zu Mittag: Gulasch mit Kartoffeln! Das war für alle Flüchtlinge eine herrliche Überraschung. Nachdem Tante Amalie ihre Mahlzeit beendet hatte, - viel Appetit hatte sie wohl sowieso nicht – machte sie sich für den schweren Gang fertig und hielt nach dem jungen Mann Ausschau, der ihr behilflich sein sollte. Sie traute ihren Augen kam: er stand mit seinem Essgeschirr am Ende einer langen Schlange, die zum Essenholen angetreten war, und versuchte offenbar, seinen

Nachschlag zu erhalten. Unsere Tante konnte ihn nicht dazu bewegen, endlich mit ihr zu kommen. Und als die Zeit schließlich drängte und er immer noch voller Hoffnung in der Schlange stand, holte sie sich allein Lutz' Kinderwagen aus dem Keller, stellte den Sarg darauf und schob den Wagen zum Kirchhof, mutterseelenallein. Es goss in Strömen, und die wenigen dänischen Passanten sahen erschrocken auf, als sie unsere Tante sahen, wie sie ihr totes Kind mit dem Kinderwagen zum Friedhof schob. – Sie schaffte es gerade noch, mit dem Glockenläuten, das sie schon von weitem vernahm, die Eingangspforte zum Kirchhof zu erreichen, wo der Pastor bereits wartete, um sie und das Kind zur Leichenhalle zu führen. Er sah unsere Tante erstaunt an und ahnte wohl, dass irgendetwas schiefgegangen war, er sagte aber kein Wort! Während das Läuten bereits wieder verstummte, gingen beide in die Leichenhalle und stellten den Sarg auf einen Podest. Der Pastor übergab unserer Tante den Schlüssel zur Leichenhalle und erlaubte ihr, bis zur Beerdigung des Kindes so oft zu kommen wie sie es wünschte. Er nahm ihr aber das Versprechen ab, den Sargdeckel nicht mehr zu öffnen – und nur allein zu kommen. Er wusste wohl nicht, dass die Flüchtlinge sowieso Ausgehverbot hatten.

Wiederum zwei Tage nach Überführung des Kindes in die Leichenhalle sollte dann am Vormittag von der Kirche aus die Beerdigung stattfinden. Diesmal wurden zwei junge Männer aus der Reihe der Flüchtlinge ausgesucht, die mitgehen sollten, um den Sarg von der Kirche aus zur Gruft zu tragen. Tante Amalie konnte auch ihre beiden Kinder Wolfgang und Monika mitnehmen, allen anderen Flüchtlingen aber war das Mitgehen untersagt, - auch Lottchen durfte leider nicht mitgehen. Unsere Tante glaubte gehört zu haben, dass im Flüchtlingslager einige Fälle von Paratyphus aufgetreten seien – daher also das besonders strenge Ausgehverbot! Die beiden jungen Männer waren gottlob pünktlich zur Stelle. Tante Amalie berichtete uns immer wieder, wie ergreifend schön der Anblick war, als sie zu fünft die Kirche betraten : der kleine weiße Sarg, der fast versank im Flieder, der ihn schmückte, stand auf einem Podest, und zu beiden Seiten brannten große Kerzen in hohen Leuchtern. Tante Amalie setzte sich mit ihren beiden Kindern in die erste Bankreihe, dachte an ihren Mann, der noch nicht einmal ahnte, dass der kleine Lutz gestorben war, denn es bestand Postsperre und sie konnte ihm keine Nachricht zukommen lassen, und weinte sich so gut sie konnte ihren ganzen Kummer von der Seele. Von der Empore herab sang eine Frau mit wunderbar reiner Stimme, so erzählte uns unsere Tante, der Pastor sprach in seiner Muttersprache – das meiste verstand unsere Tante natürlich nicht -, aber das war gar nicht so wichtig, wichtig allein war, dass sie fühlte, dass in der Kirche Menschen waren, die sich um sie kümmerten und sich bemühten, ihr zu helfen, über den schwersten Tag ihres Lebens hinwegzukommen! Nach der Abschiedsfeier in der Kirche wurde Lutz von den beiden jungen Männern aus der Kirche zur Gruft getragen. Dort wurde ein gemeinsames Gebet gesprochen – und als die fünf wieder zum Bahnhofshotel zurückgekehrt waren, war dort gerade die Mittagszeit beendet.

Eine Woche nach Lutz' Beerdigung wurde das Flüchtlingslager in Tarnborg aufgelöst; alle Flüchtling wurden mit der Bahn nach Brombaerskov gebracht, wo Holzbaracken, in denen vorher deutsche Soldaten untergebracht waren, für sie bereitstanden. Das Lager dort war mit Stacheldraht umzäunt; die Flüchtlinge durften auch hier das Lager nicht verlassen. Die kleine Monika, „eine wilde Hummel mit nur drei Haaren auf dem Kopf", wie unsere Tante sie schmunzelnd nannte, hatte sich auf diesem Transport Läuse eingehandelt. Lottchen entdeckte sie natürlich zuerst, als die Kleine sich ununterbrochen auf dem Kopf kratzte; sie war es auch, die Monika von diesem Übel befreite. „Eine Kleinigkeit bei den paar Haaren!", soll Lottchen gemeint haben. Alle Baracken im Lager Brombaerskov trugen Städtenamen. Unsere Tante erhielt zusammen mit Lottchen und den Kindern Wolfgang und Monika in der Baracke „Schweinfurt" ein Eckstübchen, das sogar etwas Freundlichkeit ausstrahlte: auf dem Fussboden lag ein roter Kokosläufer, an den beiden Längswänden standen je zwei Holzbetten übereinander, und in einer Ecke neben dem Eisenofen befand sich eine Kommode, in der – für jeden unsichtbar – die große Schüssel zum Waschen untergebracht war. Aus Lutz' Windeln nähte Lottchen, die wohl sehr geschickt war, Scheibengardinen; außerdem ließ sich die Tante von dem Schuster des Lagers, der als Reparaturwerkstatt den Eckraum ihr gegenüber erhalten hatte, einen Blumenkasten anfertigen, der sogar einen grünen Anstrich erhielt – auch **das** brachte der Schuster zustande - , und sodann unter Tante Amalies Barackenfenster angebracht wurde. Lottchen besorgte Blumenkastenerde und fand auf einem Spaziergang im Lager gelbe Blumen (Gilke nannten die Schlesier sie), die sie in den Blumenkasten verpflanzte. Tante Amalie registrierte nicht ohne Stolz, dass ihr weiß gestrichenes Fenster mit den duftigen Scheibengardinen, dem grünen Blumenkasten und den gelben Blumen darin von den dänischen Passanten – wohl hauptsächlich den dänischen Hausfrauen -, die auf der Straße spazierten, die an den Baracken vorbeiführte, stark beachtet wurde!

Das Lager bestand aus ca. 12 Baracken, um die herum – wie schon erwähnt – ein Stacheldrahtzaun verlief, und am Eingang des Lagers befand sich eine Wachstube, die aber vorerst noch unbesetzt war. Vorläufig hatte das Lager nur je einen deutschen und dänischen Lagerleiter; beide warteten aber bereits auf die Bewachung: ein dänischer Polizeikommissar war mit dieser Aufgabe betraut worden. Ihm zur Seite standen einige Hilfspolizisten. Dieser Polizeikommissar, der natürlich gut Deutsch sprechen musste, ließ aber nicht lange auf sich warten: es war

Overbetjent Hans Hansen, ein Hüne mit Brille, wie unsere Tante Amalie mit einem Lächeln berichtete. Er tat erst seit einigen Tagen im Lager seinen Dienst, als er schon energischen Schrittes in Tante Amalies Stube trat und sie aufforderte, ihm ihre Reiseschreibmaschine, die unsere Tante mit größter Mühe gerettet hatte, für seine Büroarbeiten, die er künftig für das Lager würde erledigen müssen, zu borgen. Ich glaube, unsere Tante kriegte vor Staunen ihren Mund nicht wieder zu! Da gab es doch eine Person im Lager, die dem Kommissar verraten haben musste, dass sie eine Reiseschreibmaschine mit sich schleppte! Spontan erwiderte sie, dass sie nicht daran dächte, ihm ihre Maschine zu borgen; die dänische Polizei hätte wohl noch andere Möglichkeiten, zu einer Schreibmaschine zu kommen! Er sagte nur, sie solle sich ihre Verneinung noch einmal gut durch den Kopf gehen lassen, er käme dieser halb am nächsten Tag noch einmal bei ihr vorbei. Am nächsten Tag kam er tatsächlich wieder, ließ aber jetzt durchblicken, dass er ihr die Maschine auch mit Gewalt fortnehmen könnte, falls sie wirklich auf ihrer Weigerung bestehen würde. Er versprach unserer Tante aber, ihr die Maschine zurückzugeben, sobald sie das

Lager wieder verlassen würde, und außerdem wolle er ein neues Farbband aufspulen und ihr auch 'mal die Schreibmaschine borgen, falls sie selbst tippen wolle. Wohl oder übel willigte unsere Tante ein, wohl auch deshalb, weil sie unbedingt ein neues Farbband brauchte. Der Ordnung und Sicherheit halber bat sie aber Herrn Hans Hansen noch um eine Bestätigung des getätigten „Leihgeschäftes". Diese Bestätigung brachte er tatsächlich am nächsten Tag mit ins Lager. Da dieses Schreiben aber keinen Stempel der Polizei trug – denn Tante Amalie hatte die Maschine ja nicht ihm persönlich, sondern der dänischen Polizei geborgt! -, bestand sie auf einem Stempel seitens seiner Dienststelle. Der Overbetjent grinste und sagte: „Typisch, die Tysker wollen immer Stempel sehen!" – aber unsere Tante bekam den gewünschten Stempel aufs Papier!

Overbetjent Hans Hansen machte es sich nun zur Gewohnheit, so berichtete unsere Tante, sobald er das Lager betrat, um nach dem Rechten zu sehen, einen Hipo zu ihr zu schicken, um die Schreibmaschine, die jetzt mit einem frischen Farbband versehen war, abholen zu lassen. Sollte er wirklich so viele Schreibarbeiten zu erledigen haben? Sobald er das Lager wieder verließ, brachte ein anderer Hipo die Maschine zu ihr zurück. Dieses Hin und Her fing an, unsere Tante Amalie zu amüsieren, sie ärgerte sich aber auch darüber, dass sie stellschweigend zusehen musste, wie die dänische Polizei sich über ihr Eigentum „hermachte". Eines Tages ritt sie der Teufel: sie wollte doch ‚mal sehen, was Herr Hans Hansen wohl anstellen würde, wenn sie behauptete, **heute** könne sie ihm die Maschine leider nicht borgen, denn **heute** brauche sie sie selbst. Mit gemischten Gefühlen sah sie dem Hipo nach, wie er unverrichteter Dinge zu seinem Vorgesetzten zurückging. Sie wartete auf das abermalige Kommen des Hipo, vielleicht mit dem Befehl, die Maschine sofort herauszurücken. Aber nichts geschah! Wie langweilig! Am nächsten Tag kam der Hipo wieder mit der freundlichen Anfrage, ob er wohl jetzt die Maschine für seinen Vorgesetzten haben könne. Tante Amalie gab sie ihm mit, hatte aber vorher einen Zettel mit den Worten: „Vielen Dank, dass Sie mir die Maschine gestern gelassen haben!" in die Walze gespannt. Als abends der Hipo die Maschine zurückbrachte, war ihr erster Blick natürlich nach der Walze. Ob er wohl geantwortet hatte? Tatsächlich, er hatte die Worte hinzugefügt: „Ich danke auch!" D a s fand sie ausgesprochen nett von ihm. Eine ganze Weile ging nun die Maschine der Tante hin und her, ohne dass etwas Besonderes geschah. Schließlich wurde es der Tante wieder zu langweilig, und sie griff eine zweites Mal an, indem sie einen Zettel in die Maschine spannte mit der Frage: „Was zahlt mir die dänische Polizei eigentlich für die Benutzung der Maschine?" Sie war nun schon etwas mutiger geworden und zitterte nicht mehr vor der Rückkehr des Hipo. Sie bekam aber doch einen großen Schreck, als nach kurzer Zeit der Hipo zu ihr zurückkam und sie beauftragte, mit ihm sofort zu Herrn Hans Hansen ins Büro zu kommen. Die Baracke „Schweinfurt" lag am Ende des Lagers, während das Polizeibüro in einer Baracke untergebracht war, die ziemlich am Anfang des Lagers stand, so dass unsere Tante mit dem Hipo fast durch das ganze Lager gehen musste. Das wiederum veranlasste die Lagerinsassen, ihren Weg zum Polizeibüro mit ziemlicher Neugierde zu verfolgen. Sie selbst war aber auch sehr gespannt zu erfahren, was der Overbetjent ihr nun zu sagen hatte. Bei ihrem Eintritt erhob er sich aus seinem Schreibtischsessel, - das registrierte unsere Tante mit geheimer Freude

– und sie sah ihm zum ersten Male richtig in die Augen: sie waren tiefblau. Er guckte sie ein wenig amüsiert an, was ihr ihre anfängliche Angst vor ihm vollends nahm, und er meinte dann, sie solle froh sein, dass man ihr die Reiseschreibmaschine nicht beschlagnahmt hätte, besonders, da es sich um ein dänisches Fabrikat handele, womit er einerseits ja recht hatte, aber andererseits war diese Maschine gegen gute Bezahlung in Deutschland durch unseren Onkel Franz gekauft worden. Dann aber meinte Herr Hans Hansen, dass er ihr als Benutzungsgebühr ein sehr gutes Abendbrot spendieren wolle, denn von seiner Dienststelle könne sie nichts erwarten. Sie solle zu dem Zweck am Abend zu ihm ins Büro kommen, er würde dann ein ausgezeichnetes Abendbrot bereithalten. Unsere Tante Amalie war abermals sprachlos; da sie ihn aber unbedingt wiedersehen wollte, - vielleicht auch wegen seiner schönen Augen – willigte sie erst einmal ein. Als sie aber wieder draußen stand, fing sie endlich an, sich die Sache einmal genau zu überlegen, und auf einmal fand sie es doch ziemlich geschmacklos, sich in seinem Büro mit einem Abendbrot abfüttern zu lassen. Sie erzählte Lottchen von diesem Angebot, doch auch sie schien nicht sehr begeistert zu sein. Um 20.00 Uhr sollte Tante Amalie in seinem Büro sein, die Zeit lief schnell dahin, und noch immer wusste sie nicht genau, was sie tun wollte. Auf das Abendbrot selbst war sie nicht sehr versessen, aber sie sehnte sich danach, den Abend gemeinsam mit ihm zu verplaudern. Es reizte sie, ihn ein wenig aus seiner Zurückhaltung herauszulocken, denn er schien den Flüchtlingen gegenüber sehr stolz zu sein. Um 19.00 Uhr brachte unsere Tante zusammen mit Lottchen erst mal ihre beiden Kleinen ins Bett, und dann hatte sie sich doch soweit durchgerungen, dass sie zum Abendbrot auf keinen Fall mehr gehen wollte. Aber feststellen, ob er wirklich zur Vorbereitung des Abendbrotes gekommen war, das wollte sie auf jeden Fall. Auf Umwegen ging sie also kurz vor 20.00 Uhr in die Nähe des Polizeibüros, und sie entdeckte, dass im Büro tatsächlich das Licht brannte. Da aber die Vorhänge zugezogen waren, konnte sie nicht hineinsehen. Unverrichteter Dinge ging Tante Amalie erst einmal in ihr Zimmer zurück. Nach ungefähr einer halben Stunde wollte sie aber doch sehen, ob Herr Hans Hansen am Ende noch im Büro war. Als sie sich wieder in die Nähe des Büros schlich, sah sie gerade noch, wie der Overbetjent von draußen sein Büro abschloss und nach Hause ging. „Jetzt habe ich es sicher mit ihm verdorben!", war Tante Amalies erster Gedanke. Am nächsten Morgen ließ er – wie immer – die Schreibmaschine bei unserer Tante abholen, am späten Nachmittag ließ er sie – wie immer – zurücktragen. Keine Zeilen in der Maschine, kein Hinbestellen ins Büro! Ca. eine Woche lang hörten sie nun schon nichts voneinander. Dann fiel der Tante abermals etwas ein: Könnte er ihr nicht einen Passierschein besorgen, so dass sie das Grab in Tarnborg einmal wiedersehen würde! Er hatte doch die Mittel dazu in der Hand. Sie fasste sich eines Morgens ein Herz und ging das erste Mal ungerufen zu ihm ins Büro. Er empfing sie mit reservierter Höflichkeit, und sie trug ihm ihren Wunsch vor. Er sah sie eine ganze Weile schweigend an und sagte plötzlich, dass er es gut gefunden habe, dass sie nicht zu ihm zum Abendbrot gekommen sei, er hätte sie nur auf die Probe stellen wollen. Das freilich glaubte ihm unsere Tante nicht recht. Er fuhr dann fort, dass er außerordentlich bedauere, ihr einen Passierschein nicht ausstellen zu dürfen. Das ginge weit über seine Befugnisse! „Gut!", meinte Tante Amalie etwas frostig, „dann gehe ich eben über den Zaun!" Er war in der Tat ziemlich empört über diese Bemerkung und betonte, dass eine ordentliche und gebildete Frau niemals über den Zaun gehen würde, und außerdem sei unsere Tante viel zu ungeschickt dazu. Er wolle ihr aber einen anderen Vorschlag machen: Da sie augenscheinlich wohl doch des Öfteren Schreibmaschinenarbeiten zu verrichten habe – tatsächlich hatte unsere Tante eine umfangreiche Arbeit ihres Mannes, die sie mit der Schreibmaschine schreiben wollte, mit auf die Flucht genommen - , wolle er ihr nach Dienstschluss sein Büro im Lager zur Verfügung stellen. Dort könne sie einerseits ungestörter arbeiten als in der lauten Baracke, und andererseits würde sie durch das laute Maschinengeklapper ihre Barackennachbarn nicht verärgern. Sicher war dieser Vorschlag gut gemeint, aber abends musste unsere Tante doch bei ihren Kindern sein und konnte sich nicht in seinem Büro aufhalten! Sie bedankte sich für das freundliche Angebot, versuchte aber, gleich wieder das Gespräch auf ihre Bitte nach einem Passierschein zu lenken. Jetzt aber lehnte er ihre Bitte unmissverständlich ab und ließ auch durchblicken, dass er es ihr nie zutrauen würde, nachts über den Zaun zu gehen. Freilich, nachts wollte unsere Tante Amalie auch nicht über den Zaun klettern. Was sollte sie wohl nachts auf dem Friedhof tun! Wenn sie heimlich gehen würde, so würde sie am frühen Morgen durch den Zaun klettern, so dass sie draußen den ganzen Tag zur Verfügung hatte. Unsere Tante fühlte sich aber durch Herrn Hansens Skepsis herausgefordert und meinte leichthin: „Gut, ich werde es Ihnen beweisen, dass ich auch ohne Erlaubnis aus dem Lager gehe!" Er aber lächelte nur darüber. – Wie so oft, besprach sie auch mit Lottchen dieses Problem. Auch sie traute ihr nicht zu, dass sie heimlich über den Zaun gehen würde, um das Grab in Tarnborg zu besuchen.

Am nächsten Abend machte Tante Amalie doch von Herrn Hansens Angebot Gebrauch und ging in sein stilles Büro, um dort in Ruhe zu tippen. Herrn Hansen hatte sie vorher gebeten, ihre Schreibmaschine gleich im Büro zu lassen. Als sie sich eben an Herrn Hansens Schreibtisch niederlassen wollte, fielen ihr eine Reihe von Zetteln auf, die er alle aufgespießt hatte. Nicht aus Neugierde, nein, aus reinstem Interesse – so beschwor Tante Amalie –

studierte sie die Mitteilungen auf diesen Zetteln. Es waren durchweg Anweisungen für die Hipos. Aber plötzlich las sie auf einem der Zettel – sehr zu ihrer Überraschung -, dass die Hipos darauf achten sollten, dass unsere Tante aus der Baracke „Schweinfurt" *nachts* nicht über den Zaun ging! Das empörte unsere Tante aufs Äußerste! Außerdem fühlte sie sich herausgefordert! Sie ging sofort wieder aus dem Büro zurück zu Lottchen und beschwatzte sie, zusammen mit ihr am selben Abend einen Gang über den Zaun zur Probe zu machen! Wenn dies Unternehmen jetzt klappen würde, so war unsere Tante davon überzeugt, dass es ihr auch an einem der nächsten Tage gelingen würde, allein über den Zaun zu gehen. Die beiden kleinen Kinder schliefen schon fest, als Lottchen und unsere Tante ihr Vorhaben verwirklichten. Bevor sie über den Zaun gingen, hatte unsere Tante noch einen Zettel geschrieben: „Guten Abend, ich stehe hier vor Ihrer Haustür und beweise Ihnen damit, dass ich doch dazu fähig bin, über den Zaun zu gehen!" Diesen Zettel steckte sie ein in der Absicht, ihn Herrn Hansen in den Briefkasten zu werfen. Es war gar nicht so schwer, so berichtete unsere Tante Amalie, über den Zaun zu kommen, wenn man nur die Wachleute gut im Auge behielt. Diese gingen am Zaun auf und ab. Sobald die Wachleute den beiden den Rücken zuwendeten, sausten sie unter den Zaun hindurch, duckten sich eine Zeitlang ins Gras, das dort gottlob wuchs, und lauschten. Die Wachhabenden hatten offenbar kein verdächtiges Geräusch vernommen und setzten ihren Gang ruhig fort. Erleichtert gingen nun Tante Amalie und Lottchen außerhalb des Zaunes ihres Weges. Sie gingen ohne Hast, um nicht aufzufallen, und schwiegen, sobald sich Passanten näherten. Tante Amalies erstes Anliegen draußen war es, den beschriebenen Zettel Herrn Overbetjent Hansen in den Briefkasten zu werfen. Beide wussten wohl den Namen der Straße, in der er wohnte, konnten aber natürlich niemanden nach der Straße fragen. Sie mussten versuchen, sich möglichst unauffällig an den Straßenschildern zu orientieren, und sie freuten sich natürlich wie die Schneekönige, als sie endlich doch vor seiner Wohnungstür standen und den Zettel in den Briefkasten werfen konnten. Die Rückkehr ins Lager verlief ebenfalls ohne Störungen, obgleich beide bei der Rückkehr aufgeregter als beim Hinausklettern waren, denn es wäre doch schade gewesen, wenn zum Schluss noch etwas schiefgegangen wäre.

Am folgenden Tag war Herr Hansen ernstlich böse mit unserer Tante; vielleicht hatte er auch Ärger mit seiner Frau gehabt, die den Zettel im Briefkasten gefunden haben konnte. Herr Hansen hatte kein Erbarmen mit unserer Tante, denn er blieb bei seiner Weigerung: es gibt keinen Passierschein! Zum stillen Ärger unserer Tante glaubte er ihr den Ausbruch aus dem Lager noch nicht einmal! Vielmehr war er der Meinung, sie hätte den Zettel einer Person mitgegeben, die nachts sowieso über den Zaun ging und es darin schon zu einer Meisterschaft gebracht hatte!

Zwei Tage nach diesem gelungenen Ausbruch war es soweit, dass unsere Tante ein zweites Mal über den Zaun gehen musste, wollte sie ihre Androhung Herrn Hansen gegenüber wahrmachen. Außerdem hatte sie ein unbändiges Verlangen danach, Lutz' Grab wiederzusehen. Morgens um 5 Uhr machte sie sich still fertig. Sie bemühte sich, ihrer Aufregung Herr zu werden und redete sich ein, dass bei einem Misslingen wohl keiner ernstlich mit ihr „Schlitten fahren" würde; wenn auch die Männer vielleicht kein Verständnis für ihren Wunsch zeigten, so mussten doch wohl die Frauen auf ihrer Seite stehen! Lottchen hatte für das Grab einen richtigen Tannenkranz gebunden, die notwendigen Tannenzweige hatte sie von verschiedenen Tannen, die am Rande des Lagers standen, heimlich zusammengeholt. Sie war in allem sehr geschickt, und auch dieser Kranz sah recht manierlich aus. Mit dem Kranz, den unsere Tante fest unter ihren Arm klemmte, glückte ihr auch diesmal „die Flucht durch den Zaun". Außer dem Kranz führte unsere Tante noch eine große, selbstgebastelte Einholtasche mit sich. Sie war nämlich Besitzerin einiger dänischer Kronen und wollte versuchen, davon Äpfel zu kaufen, die es im Lager überhaupt nicht gab. Vielleicht konnte sie sogar Lottchen und den Kindern je ein Hühnerei mitbringen! Da unsere Tante sehr früh unterwegs war, begegneten ihr auf ihrem Fußmarsch nach Tarnborg mehrmals Milchwagen, die gemächlich von Pferden gezogen wurden; sie hatte große Angst davor, dass einer der Fahrer anhielt, um sie mit seinem Wagen ein Stück mitzunehmen. Immer, wenn ein Wagen sie auf der Landstraße überholte, machte sie darum ein ziemlich abweisendes Gesicht, meist holte sie auch noch ein Taschentuch aus ihrer Manteltasche hervor und schnäuzte sich recht geräuschvoll und umständlich. Gottlob kam Tante Amalie aber ohne jede Schwierigkeit nach langer, langer Zeit in Tarnborg an, und auf dem Friedhof hatte sie Muße, sich von dem langen Fußmarsch wieder zu erholen. Da sie nicht zu essen mitgenommen hatte, fing ihr Magen zu knurren an, und unsere Tante überlegte, wo sie sich etwas Essbares kaufen konnte. In diesem Moment wurde sie vom Sohn des Friedhofsgärtners, der sie noch von der Beerdigung her kannte, entdeckt. Da es noch früh am Morgen war, lud er unsere Tante ein, zusammen mit seiner Mutter zu frühstücken. Ob er wohl ahnte, dass sie sehr hungrig war? Unsere Tante behauptete, dass sie in ihrem ganzen Leben noch nie so ausgezeichnet gefrühstückt habe sie an jenem Vormittag! Noch heute schwärmt sie von dem guten Bohnenkaffee und den frischen Brötchen mit der wunderbaren Grasbutter! Es war der Gärtnersfrau selbstverständlich, Tante Amalie auch gleich zum Kittagessen, das die Familie pünktlich um 12 Uhr einnehmen wollte, einzuladen. Eben hatte sie sich von der Gärtnersfrau verabschiedet, um sich bis zum Mittagessen am Grab ihres Kindes aufzuhalten, da wurde sie vom ehemaligen dänischen Lagerleiter des Bahnhofshotels in Tarnborg gesehen, der zufällig auf dem Friedhof zu tun hatte. Dieser lud unsere Tante nun ebenfalls zu seiner Mutter – vorerst zum Frühstück! – ein. Da Tante Amalie wusste, dass es Dänen verboten war, mit Deutschen zu „fraternisieren", konnte sie dem Lagerleiter schlecht verraten, dass sie bereits gefrühstückt hatte. Sie ging also mit dem Lagerleiter zu seiner Mutter, die unsere Tante ebenso reizend bewirtete wie eben zuvor die Gärtnersfrau. O ja, auch das zweite Frühstück konnte unsere Tante noch mit gutem Appetit verzehren. Wiederum wurde sie von den netten Leuten mit dem Hinweis verabschiedet, ja um 13 Uhr bei ihnen zum Mittagessen zu erscheinen. Jetzt wurde die Situation für sie doch reichlich brenzlig! Auf jeden Fall war unsere Tante erst mal pünktlich um 12 Uhr bei der Gärtnersfrau, die sich offensichtlich viel Mühe mit der Zubereitung des Mittagessens gegeben hatte. Dass Tante Amalie am Morgen schon zweimal gefrühstückt hatte, spürte sie jetzt schon nicht mehr; sie schien doch sehr ausgehungert gewesen zu sein, denn die hatte tatsächlich schon wieder Appetit auf ein gutes Mittagessen. Es schmeckte ihr vorzüglich!

Unsere Tante musste in ihrem Magen aber noch ein kleines Plätzchen für das Mittagessen bei der Mutter des Lagerleiters freihalten. Das war nicht so einfach, denn die Gärtnersfrau nötigte dauernd, noch dieses oder jenes nachzunehmen, und unsere Tante konnte sie doch nicht beleidigen und nichts mehr nachnehmen, vor allem schon darum nicht, weil sie ihr am Morgen noch erzählt hatte, dass das Essen im Lager nicht sehr reichlich bemessen sei. Beim Essen schielte sie fortwährend nach der Uhr, die im Zimmer hing, denn ihre Zeit hier war bald um. Sie weiß heute nicht mehr genau, unter welchem Vorwand es ihr dann doch noch gelungen ist, sich rechtzeitig genug vom Tisch zu erheben, um bei der anderen Familie noch einmal zu Mittag zu essen. Es war beinahe selbstverständlich, dass unsere Tante beim Abschied auch gleich wieder zum Nachmittagskaffee eingeladen wurde! Bei der Familie des Lagerleiters hatte sie aber doch das beschämende Gefühl, als ob man sich über ihren weniger guten Appetit sehr wunderte! Tante Amalie musste fortwährend an Lottchen und die Kinder denken! Wie gern hätte sie sie jetzt bei sich gehabt! Wie sehr hätte sie es auch ihnen gegönnt, sich an all diesen guten Dingen einmal richtig satt zu essen! Bei dieser Familie brauchte sich unsere Tante aber gottlob nicht so sehr mit dem Essen zu beeilen, und sie hatte auch Gelegenheit genug, sich mit allen Familienmitgliedern nett zu unterhalten, denn sie bemühten sich sehr, mit ihr in deutscher Sprache zu sprechen. Als unsere Tante sich dann endlich von ihnen verabschiedete, steckte man ihr in ihre große Einkaufstasche noch allerlei gute Sachen: Dosen mit Gemüse, gekochte Eier, Kuchen, Kekse, Schokolade, Zigaretten usw. usw. Zum Nachmittagskaffe brauchte sie hier nicht zu kommen, denn vorsorglich hatte unsere Tante ihnen erzählt, dass sie gleich nach dem Mittagessen Gelegenheit hätte, mit einem Fahrzeug des Lagers nach Brombaerskov mitgenommen zu werden.

Heimlich ging Tante Amalie noch einmal auf den Friedhof, sie setzte sich dort auf eine Bank und hing ihren Gedanken nach. Nach einiger Zeit kam wieder jemand zu ihr auf den Friedhof. Es war der Schuster, der sie von seinem Küchenfenster aus auf dem Friedhof beobachtet hatte. Tante Amalie hatte ihn und seine Familie durch eine Flüchtlingsfrau, die damals im Bahnhofshotel im Zimmer neben ihr untergebracht war, kennengelernt. Er fragte sie sogleich, ob sie sich nicht bei ihm aufwärmen und noch Kuchen essen wolle, denn seine Tochter Grete hätte heute Geburtstag. Ihm beichtete Tante Amalie erst mal ihr Ausreißen aus dem Lager in Brombaerskov für einen Tag, um endlich das Grab wiederzusehen. Er nahm unsere Tante wie selbstverständlich zu sich in sein Haus, obgleich viele kleine Mädchen zur Geburtstagsfeier eingeladen waren. Die Familie hatte anscheinend keine Bedenken, Tante Amalie zur Kaffeetafel zu bitten. Man bewirtete sie mit dem herrlichsten Kuchen, schwatzte munter drauf los, als ob sie zu ihnen gehörte und gab ihr warme Hausschuhe, weil sie auf dem Friedhof ziemlich kalte Füße bekommen hatte. Bald nach dem Geburtstagskaffee entfernte sich der Hausherr, um nach einer knappen halben Stunde mit Tante Amalies Schuhen zurückzukehren, die er in der Zwischenzeit besohlt und mit neuen Absätzen versehen hatte. Ja, so nett waren die Dänen zu den deutschen Flüchtlingen! Ihm vertraute die Tante dann auch an, dass sie nochmals zum Kaffee bei „Gärtners" gehen musste. Er schmunzelte und sorgte dafür, dass sie sofort bei ihm ohne großes Hallo aufbrechen konnte, sie musste ihm nur versprechen, zum Abendessen wieder bei ihnen zu sein. Die Gärtnersfrau hatte schon längere Zeit auf unsere Tante gewartet. Wie peinlich! Da sie nur Dänisch verstand, brauchte unsere Tante ihr gottlob keine Lügengeschichten aufzutischen. Tante Amalie beteuerte uns gegenüber immer wieder, dass sie sich sehr schäbig vorkam, als sie der Gärtnersfrau auch noch „Heißhunger auf Kuchen" vorspielen musste, aber was sollte sie tun? Ihr trat vor Anstrengung der Schweiß auf die Stirn, denn der Kuchenberg war kaum zu bewältigen. Und als es Zeit wurde, sich auf den Heimweg zu begeben, schob ihr auch diese Familie eine ganze Menge Mitbringsel in ihre schon halbvolle Einholtasche, so dass sie schwer beladen ihre Heimreise antrat, d.h. jetzt ging sie nochmals zur Schusterfamilie, das hatte sie ihr ja versprochen. Und dort liess man ihr gottlob eine Pause von zwei Stunden bis zur Abendmahlzeit. Man hatte ihr als Überraschung eine Fahrkarte nach Brombaerskov gekauft, und da sie ja nur im Dunkeln durch den Zaun zurück ins Lager kriechen konnte, hatte sie noch Zeit genug bis zur Rückkehr. Außerdem war sie heilfroh zu wissen, dass ihr der lange Fußmarsch nach Brombaerskov erspart blieb! Dann aber wusste unsere Tante nicht mehr, ob sie weinen oder lachen sollte: jetzt am Abend gab es den eigentlichen Geburtstagsschmaus: viel Fleisch, viele Leckereien, hinterher viel Eis!

Sehr spät am Abend, fast in der Nacht, gelang es der Tante, mit starkem Herzklopfen und voller Einkaufstasche unbehelligt durch den Zaun ins Lager zurückzukehren. Diese Rückkehr *musste* ihr gelingen, denn was hätte sie der Wache sagen sollen, von wem sie all die mitgebrachten Dinge erhalten hätte?! Lottchen und die Kinder schliefen schon lange, als sie leise ins Zimmer schlich. Und welche Freude machte es ihnen am nächsten Morgen, als unsere Tante all die Herrlichkeiten auspackte! Wenn sie aber geglaubt hatte, für mindestens 1 oder 2 Tage satt zu sein, so hatte sie sich doch sehr geirrt, denn schon beim Frühstück am Morgen stellte sich bei ihr ein gesundes Hungergefühl ein.

Übrigens hatte Tante Amalie auch Päckchen mit Puddingpulver geschenkt bekommen. Diese waren, wie sie uns mit Eifer erklärte, eine willkommene Gabe für „Lagertorten", mit denen Geburtstagsfeiern verschönt wurden.

Jedem, der Geburtstag hatte, wurde seitens der Lagerleitung ein klitzekleiner Wunsch erfüllt; die Frauen wünschten sich meist Kurzwaren, wie Nähgarn, Gummiband, Knöpfe, die Kinder erhielten aus Holz geschnitzte Schiffe oder Eisenbahnwagen, mit denen sie herrlich spielen konnten, und wenn es dann noch am Nachmittag eine „Lagertorte" gab, so war es eine gelungene Geburtstagsfeier gewesen. Die Lagertorte bestand aus Weißbrot, das in Scheiben geschnitten war. Die Brotscheiben legte man in eine Kuchenform, die man sich untereinander ausborgte, denn irgendwer hatte unsinnigerweise solche Kuchenform in seinem Flüchtlingsgepäck. Zwischen die Schichten aus Weißbrot goss man den gekochten, abgekühlten Pudding, obendrauf schüttete man in einer Bratpfanne geröstete Haferflocken – und fertig war die Lagertorte! Uns, die wir in Hamburg zurückgeblieben waren – lief beim Lesen von Feiern im Lager mit Lagertorte das Wasser im Mund zusammen, denn wir standen unter dem Eindruck, dass es sich um „richtige" dänische Torte handelte! Aber auch über Lagertorte wie oben beschrieben hätten wir Hamburger uns natürlich riesig gefreut!

Als dann am Tage nach diesem heimlichen Besuch in Tarnborg der Hipo wegen der Schreibmaschine wieder zur Tante kam, bestellte er sie gleich ins Polizeibüro. Sie war natürlich auf eine böse Auseinandersetzung vorbereitet, denn Lottchen hatte der Tante gleich am Morgen schon berichtet, dass man sie im Lager vermisst und nach ihr gesucht habe. Auch Lottchen wurde am fraglichen Tage „vernommen", sie wusste aber überzeugend zu sagen, dass sie keine Ahnung habe, wo die Tante „im Moment" zu suchen war. Als unsere Tante ins Büro eilte – sie sollte „sofort" kommen, - legte sie sich auf dem Wege dorthin einen Plan zurecht: Angriff ist die beste Verteidigung, sagte sie sich, und als sie ins Büro trat, ließ sie Herrn Overbetjent Hansen gar nicht erst zu Wort kommen, sondern machte ihm sofort Vorwürfe, dass anständige Frauen gezwungen seien, über den Zaun zu gehen, wenn sie das Grab eines Angehörigen besuchen wollten. Außerdem hätte sie die Absicht, sich dieser halb bei höherer Stelle zu beschweren! Und siehe da, was sie nicht für möglich gehalten hatte, trat ein: Herr Hansen lenkte ein. Er fand die Flucht über den Zaun zwar empörend und unwürdig, versprach der Tante aber, seinen

Vorgesetzten zu fragen, ob überhaupt und wann er ihr einen Besuch in Tarnborg erlauben dürfe. Sie erwiderte, indem sie die Gekränkte spielte, dass er das schon längst hätte tun müssen. Sie spannte den Bogen noch weiter, indem sie gleich anhängte, dass sie die Bewachung der Frauen und Kinder durch dänische Polizei höchst unwürdig und überflüssig fände. Die Frauen und Kinder täten den Dänen doch nichts Böses! Ihre ganz ehrlich vorgetragene Empörung schien ihn aber nur zu amüsieren. Was sie denn eigentlich „draußen" wollten, frage er sie, sie Hätten ja doch kein dänisches Geld, um sich irgendetwas kaufen zu können. Dass die deutschen Flüchtlinge zuweilen das Eingesperrt sein nicht ertragen konnten, kam ihm scheinbar gar nicht zum Bewusstsein. Er fand es im Lager viel interessanter als draußen.

Schneller als unsere Tante glaubte erhielt sie einen Passierschein, aber nicht, um nach Tarnborg, sondern nach Aalborg zur Zahnklinik zu fahren. Sie hatte heftige Zahnschmerzen bekommen, und ausnahmsweise brauchte sie nicht zu warten, bis der Zahnarzt sowieso zu den Flüchtlingen ins Lager kam.

Vom dänischen Lagerleiter erhielt unsere Tante eine Hin- und Rückfahrkarte nach Aalborg, morgens musste sie fahren, und erst abends brauchte sie zurückzukehren. Zur Vorsicht gab man ihr einen Hipo mit, der sich davon überzeugen sollte, dass sie tatsächlich zum Zahnarzt ging. Ob man wirkliche glaubte, dass man mit Zahnschmerzen Lust verspürte, lange Umwege zu machen? Der Hipo fühlte sich aber in der Rolle eines Bewachers scheinbar nicht sehr wohl, erzählte uns Tante Amalie mit Befriedigung, denn er nahm ihr vor Antritt der Fahrt das Versprechen ab, abends mit dem vorgesehenen Zug zurückzukommen – und verschwand. Erst abends bei ihrer Rückkehr sah sie ihn auf dem Bahnhof Brombaerskov wieder, und sie gingen gemeinsam ins Lager zurück.

Auf der Fahr nach Aalborg hatte Tante Amalie übrigens ein sehr hübsches Erlebnis: Im Zug saß ihr gegenüber eine Mutter mit einem entzückenden kleinen Mädchen auf dem Schoss; unsere Tante musste es immer wieder anschauen. In Aalborg stiegen sie gemeinsam aus, und Tante Amalie fragte noch in der Bahnhofshalle nach der Straße, in der der Zahnarzt seine Praxis hatte. Eben wollte sie die Bahnhofshalle verlassen, als sie eilige

Schritte hinter sich hörte: Es war die Mutter aus dem Zug mit ihrer kleinen Tochter an der Hand. Sie versuchte, unsere Tante einzuholen. Als sie sie erreicht hatte, frage sie: „Er Du Tysk?" Unsere Tante nickte, und schnell schob die Dänin ihr ein Päckchen unter den Arm und verschwand mit ihrer Kleinen in der Menge. Erst beim Zahnarzt wagte unsere Tante, das Päckchen zu öffnen: es befanden sich darin Kekse, Schokolade und Zigaretten! Tante Amalie hätte die Frau umarmen mögen! Ahnte die Mutter überhaupt, welche große Freude sie unserer Tante mit diesem Päckchen gemacht hatte?

Es ließ sich leider nicht vermeiden, dass unsere Tante ihren beiden Kleinen immer wieder einschärfen musste, dass sie niemanden etwas von den mitgebrachten Herrlichkeiten erzählen durften. Tante Amalie erzählte uns so oft, dass die Lagerinsassen – was vielleicht sogar zu verstehen ist – auf diejenigen neidisch waren, die aus irgendeinem Grunde das Lager verlassen durften, und wenn die „Bevorzugten" heim ins Lager kehrten, wurden sie heimlich von allen Insassen beobachtet: hatten sie etwas mitbringen können? Nicht nur der Gang durch die Wachstube bei der Heimkehr konnte für einige Flüchtlinge verhängnisvoll werden – es gab Wachleute, die sie genau kontrollierten, denn das Mitbringen von Lebensmitteln und dergleichen war verboten - , nein, auch der Gang durchs Lager selbst bis zur eigenen Baracke war ein Spießruten laufen. Wehe, wenn die Insassen merkten, dass jemand doch etwas durch die Wache „geschmuggelt" hatte! Dann nämlich konnte es passieren, dass der Mitbringende anonym bei der Lagerverwaltung angezeigt wurde, und der Ärger war groß! – In diesem Zusammenhang erzählte uns Tante Amalie folgende Geschichte:

Am Tage nach ihrem „Ausflug" nach Aalborg ging ihre kleine Tochter durchs Lager und verkündete stolz: „Ich hab' man Zwieback!" Es dauerte nicht lange, bis ein Wachhabender kam, um die Stube der Tante wegen des mitgebrachten Zwiebacks zu durchsuchen. Erst konnte sich Tante Amalie keinen Reim auf diesen Verdacht machen, denn Zwieback hatte sie nicht mitgebracht, das wusste sie genau! Sollte ihre kleine Dreijährige geplaudert haben, denn ein reines Gewissen hatte unsere Tante ja gerade nicht? Dann endlich fiel es ihr wie Schuppen von den Augen: „Ich hab' man Fieber", wollte das

Mädchen stolz erzählen! Zum Glück war die Kleine nie sehr krank, aber an jenem Morgen hatte sie doch erhöhte Temperatur gehabt und sollte eigentlich die Stube nicht verlassen. Da sie nun aber „endlich" auch einmal krank war und Fieber hatte, wollte sie dies für sie großem Ereignis überall bekanntgeben. Selbst der Wachmann soll gelächelt haben, als sich die Zwieback-Angelegenheit so harmlos aufklärte.

Das Lagerleben lief sonst verhältnismäßig ruhig dahin, so berichtete weiter unsere Tante: dreimal täglich ging man zum „Essenfassen", morgens, mittags und abends; man wurde satt. Lottchen und die Tante lösten sich bei Essenfassen ab. Als Tante Amalie einmal wieder in der Schlange stand – es gab Erbsensuppe, und jeder hatte zumindest zwei Essgeschirre in der Hand -, sagte eine Frau hinter ihr: „Ach, da kommt ja der Nussknacker wieder angeschrien!" Es hörte sich zwar so an, als ob die kleine Monika schrie, aber sie als Nussknacker zu bezeichnen, fand unsere Tante doch ziemlich absurd! Aber der Nussknacker war dann doch ihre Tochter: die kleine Wilde war mit einer Frau zusammengerannt, die ihr noch heiße Erbsensuppe in ihre Baracke tragen wollte, und nun hatte sich die Suppe über den Kopf und die Brust der kleinen ergossen. Sie musste große Schmerzen haben, denn sie schrie fürchterlich. Tante Amalie rannte mit ihr so schnell sie konnten in die Sanitätsbaracke, wo man die Kleine von der Suppe befreite und Kopf und Brust mit Lebertran einrieb. Es stellte sich dabei heraus, dass die Verbrennungen gottlob nicht so schlimm waren, wie unsere Tante zuerst befürchtete, und Monika hörte auch bald auf zu weinen. Und jetzt konnte Tante Amalie auch über die Bezeichnung „Nussknacker" lachen, denn ganz Unrecht hatte die Frau nicht: wenn Monika schrie, riss sie ihren Mund tatsächlich erschreckend weit auf!

Wie unsere Tante nicht ohne Stolz berichtete, gab es im Lager auch eine „richtige" Schneiderei und einen „richtigen" Schneider, die vom Lagerleiter Garn erhielten, damit sie auf den ihnen zur Verfügung gestellten Nähmaschinen Bekleidung für die Lagerinsassen nähen konnten. Wer Stoff hatte, um sich daraus etwas nähen lassen zu könne, konnte sich in eine lange Warteliste eintragen lassen, wer aber Zigaretten zum Stoff legen konnte, kam meist sofort dran. Durch Tante Amalies Fahrt nach Aalborg war auch sie in der Lage, den Schneider vermittels einer Schachtel Zigaretten sofort für sich arbeiten zu lassen, und zwar sollte er ihr aus einem fas neuen grünen Soldatenmantel, der mit schwarzem Stoff ausgefüttert war, Kleidung für ihre beiden kleinen Kinder nähen. Den Mantel hatte unsere Tante bei der Ankunft in Tarnborg von einem mitleidigen Soldaten geliehen bekommen; sie solle damit ihre Kinder in der Nacht gut zudecken, hatte er ihr gesagt. Er wolle am nächsten Tag wiederkommen, um den Mantel abzuholen. – Aus einem der Tante unerklärlichen Grunde ist dieser Soldat aber nicht zurückgekommen, so dass sie plötzlich stolze Besitzerin eines gut zu verwendenden Soldatenmantels geworden war. Dem Schneider ging die Arbeit gut von der Hand, und es dauerte nicht lange, bis er für Monika ein entzückendes grünes Kostüm und einen grünen Mantel, für Wolfgang einen schwarzen Anzug und einen schwarzen Mantel fertiggestellt hatte. Damit der schwarze Anzug nicht zu trist aussah, nähte der Schneider auf die Ärmelaufschläge noch eine rote Zackenlitze, dazu versah unsere Tante Kostüm und Anzug mit einem weißen runden Kragen, so dass die beiden Kinder wirklich allerliebst in ihren Sachen aussahen. –

Einmal wurden im Lager weiße Zuckersäcke verteilt. Lottchen und unsere Tante „räufelten" die Säcke auf und strickten aus der so gewonnenen „Wolle" für die Kinder hübsche weiße Jacken, Pullover, Socken und auch weiße Strümpfe. Immer, wenn eine Mutter an einem Kind ein besonders hübsches Kleidungsstück sah, versuchte sie, es für ihr eigenes Kind nachzunähen, und es war erstaunlich zu beobachten, wie sich die modischen Einfälle der Mütter von Monat zu Monat verbesserten! Es war aber auch erstaunlich zu sehen, welche Mühe sich die Mütter gaben, erst einmal das Material herzustellen, aus dem sie etwas nähen, stricken oder häkeln wollten!

Auf einer im Lager jeweils einmal im Monat stattfindenden Versammlung der Flüchtlinge wurde unsere Tante Amalie zum „Kartoffelspieß" ernannt, d.h. man betraute sie mit der Aufgabe, an jedem Nachmittag Frauen aufzurufen, die am nächsten Morgen Kartoffeln zu schälen oder Steckrüben zu putzen hatten. Wenn man genau Buch führte, war diese Aufgabe nicht allzu anstrengend, meinte unsere Tante, nur war sie jetzt jeden Nachmittag mit dem Herumlaufen von Baracke zu Baracke beschäftigt, um die benötigten

Frauen zusammenzubekommen. Als sie einmal an einem späten Nachmittag von einem dieser Rundgänge zurückkehrte, fand sie vor „ihrer" Baracke „Schweinfurt" einen ziemlichen Menschenauflauf vor. Als die Leute sie kommen sahen, eilten sie auf sie zu und berichteten ihr aufgeregt, dass zwei Wachleute ihre beiden Kinder mit zur Wachstube genommen hätten. Ihr Wolfgang hätte am Stacheldrahtzaun gestanden und einem dänischen Mädchen zugesehen, das auf der Straße stand und an einer großen Eistüte schleckte. Wahrscheinlich lief dem Wolfgang dabei das Wasser im Mund zusammen. Dazu berichtete uns Tante Amalie, dass der Eishändler mit seinem Verkaufswagen dummerweise genau vor ihrem Flüchtlingslager stand. Sie hatte bei der Lagerleitung mehrere Male ohne Erfolg darum gebeten, den Mann zu veranlassen, sich eine andere Straße für den Eisverkauf auszusuchen. Manchmal zwar kauften dänische Passanten eine Eistüte, um sie dann den Kindern im Lager heimlich über den Zaun zuzustecken. Monika z.B. hatte einige Male Glück gehabt und eine Eistüte erwischt. Aber bis auf wenige Ausnahmen sahen doch täglich die Kinder mit gierigen Augen zu, wie „drüben" etwas verkauft wurde, was für sie unerreichbar geworden war! Das dänische Mädchen nun fühlte sich wahrscheinlich durch Wolfgangs Zusehen beim Schlecken sehr gestört und steckte ihm schließlich die Zunge aus. Das wiederum ließ Wolfgangs Stolz nicht zu, er krabbelte behände durch den Zaun, stellte sich vor das Mädchen und streckte ebenfalls die Zunge heraus. Daraufhin soll sich zwischen beiden eine ziemlich heftige Schubserei entwickelt haben – und plötzlich lag die Eistüte auf der Straße! Das Mädchen fing bitterlich zu weinen an und Wolfgang beeilte sich, durch den Zaun zurückzukrabbeln. Dänische Passanten beruhigten das weinende Mädchen und beschwerten sich in der Wachstube über das rabiate Benehmen des Jungen! Das wiederum veranlasste die Wachhabenden, Tante Amalies Kinder in die Wachstube zu holen; Monika hatte zwar mit der ganzen Sache nicht zu tun, die Männer nahmen sie aber trotzdem mit. Schnell wollte unsere Tante zur Wachstube eilen – da sprangen ihr schon ihre beiden Kleinen fröhlich entgegen: jedes Kind hatte in der Wachstube „eine große Eistüte", die die wache ihnen spendiert hatte, „essen müssen". Zwar war ihnen auf der Wache eindringlich klargemacht worden, dass sie auf keinen Fall durch den Zaun krabbeln dürften, um „draußen" mit dänischen Kindern einen Streit anzufangen, auf der anderen Seite aber war es den Männern wohl klar, dass der Eismann vor dem deutschen Flüchtlingslager einen denkbar schlechten Platz gewählt hatte! Und außerdem hatten sie ein Herz für Kinder!

Tante Amalie erzählte uns auch des Öfteren von den Veranstaltungen im Lager. Einmal im Monat war im „Saal" des Lagers Tanzabend, zu dem alle strömten, die gesunde Beine hatten. Die meisten trugen beim Tanz „Holzschlurren" (selbstgeschnitzte holländische Schuhe), um das letzte Paar Lederschuhe, das sie vielleicht noch besaßen, nicht unnütz zu strapazieren. Auch unsere Tante tanzte in Schlurren, die schwer und steif an ihren Füssen hingen, so dass sie beim Tanzen darauf achten musste, ihren Partner nicht zu oft auf die Füße zu treten. Im Großen und Ganzen machte das Tanzen wohl allen viel Spaß und Freude. Das Lager verfügte über eine sehr fleißige Tanzkapelle: es waren Teddy und Eberhard, die imstande waren, die damals gängigen Schlager recht ordentlich auf ihren Zieharmonikas zu spielen. Beide waren bald die Lieblinge des Lagers, denn sie

54

spielten nicht nur zum Tanz auf, nein, sie nahmen auch an jedem Sonntagmorgen ihre Harmonikas unter den Arm und zogen von Baracke zu Baracke, um die noch in ihren Betten liegenden Flüchtlinge zu wecken. Es wurde im Lager gang und gäbe, am Sonntagmorgen nicht eher aufzustehen, bis die beiden zum Wecken aufgespielt hatten. Während ihrer Internierung gestalteten beide auch zwei Bunte Abende, die so großartig aufgezogen waren, dass selbst die dänischen Gäste, die seitens der Lagerleitung eingeladen worden waren, voll des Lobes waren und alle Flüchtlinge schließlich unter dem Eindruck standen, dass im Lager z.T. schwungvollere Unterhaltung geboten wurde, als es in Brombaerskov zu der Zeit möglich war. Auch unsere Tante war von diesen Festen begeistert!

Zu den Abwechslungen im Lager zählte auch der monatliche Besuch des Lagerarztes, der in Kongehavn sein Revier hatte und die Flüchtlingslager in der Umgebung mit betreute, so jedenfalls erzählte Tante Amalie. Einmal soll es einen furchtbaren Krach zwischen dem Lagerarzt und einer „Lebedame", die auch zu den Flüchtlingen gehörte, gegeben haben. Diese Frau ging fast jede Nacht über den Zaun, um ihrem Gewerbe nachzugehen. Obgleich sie sehr ordinär war, war sie doch bei fast allen Frauen im Lager wegen ihres guten Herzens wohlgelitten. Z.B. hielt sich im Lager eine Mutter aus Berlin mit ihren fünf Kindern auf; sie war wegen deren Bekleidung dauernd in Not. Wie oft hat es unsere Tante miterlebt, dass jene „Dame" bei auftretenden Schwierigkeiten immer einen Rat wusste. Sie besorgte außerhalb des Lagers nicht nur für sich zusätzliche Lebensmittel und Bekleidungsstücke, sondern sie tat besonders für diese Mutter und ihre fünf Kinder viel: sie brachte Strümpfe mit heim, oder ,mal eine Bluse für die Mutter der Kinder, dann wiederum waren es Kinderhöschen – oder sie beschenkte alle fünf Kinder mit Schokolade, Bonbons oder Obst. Unsere Tante stand unter dem Eindruck, als ob es ihr große Freude bereitete, das meiste zu verschenken und nur Weniges für sich selbst zu behalten. – Nun, an diesem Vormittag wollte der Arzt sie wohl besonders gründlich untersuchen, was sie sich aber durchaus nicht gefallen lassen wollte. Sie schrie den Arzt derartig laut an, dass man es im weiteren Umkreis der Baracke, in der die Sanitätsstation untergebracht war, hören konnte. Wenige Wochen nach dieser

Untersuchung wurde jene Lagerinsassin als besonders unerwünscht Person nach Flensburg abgeschoben, d.h. zwei Polizisten brachten sie im Pkw zur Grenze. Wegen dieses komfortablen Abtransports wurde sie aber von den meisten Flüchtlingen beneidet, denn obwohl es allen im Lager eigentlich nicht schlecht ging, hatten die Flüchtlinge doch nur den einen Wunsch: so schnell wie möglich nach Deutschlang zurückzukehren, um endlich wieder mit ihren Angehörigen zusammenzukommen.

Es bestand noch immer Postsperre zwischen Deutschland und Dänemark; diese Tatsache bedrückte alle sehr, besonders auch unsere Tante Amalie, denn sie hätte ihrem Mann gern mitgeteilt, dass ihr jüngstes Kind gestorben war. – Seit Tante Amalies Einzug in das Lager Brombaerskov waren einige Monate vergangen, und der Totensonntag rückte heran. Die Zeit bis dahin war hauptsächlich damit vergangen, dass unsere Tante täglich ihrem Dienst als „Kartoffelspieß" nachging, dass sie jede Woche ihre Wäsche in einem Eimer wusch, - das Waschpulver erhielten die Flüchtlinge vom Lagerleiter zugeteilt – dass Lottchen und unsere Tante jede Woche ihr Zimmer gründlich saubermachten – und dass beide dauern darauf aus waren, aus irgendwelchen Materialien irgendein Bekleidungsstück für sich selbst oder die Kinder herzustellen. Wir glauben aber, nach den Erzählungen der Tante annehmen zu dürfen, dass sie besonders gern ins Büro des Herrn Overbetjent Hansen ging, um sich mit ihm zu unterhalten. Sie berichtete, dass die Gespräche mit ihren „Leidensgenossinnen" im Lager ziemlich einseitig geworden waren; jede glaubte, besonders viel durchgemacht zu haben, jede beklagte sich selbst am meisten, und das viele Ach und Weh konnte unsere Tante zum Schluss nicht mehr mit anhören. Der Overbetjent aber erzählte einiges „von draußen", was sie besonders interessierte. Er schimpfte zwar bei jeder passenden Gelegenheit fürchterlich über Hitler und seine Gräueltaten und verehrte Montgomery über alle Massen, aber wenn Tante Amalie sich die Zeit nahm, ihn „ausschimpfen" zu lassen, wo wurde er wieder friedlicher, seine Gespräche befassten sich dann mit der Zukunft, und manchmal soll er auch ein recht amüsanter Plauderer gewesen sein. Sehr oft bemühte er sich, der Tanke klarzumachen, wie schön es sei, ein Däne zu sein, denn die Dänen seien ein freies Volk. Dies Thema war wohl sein

Lieblingsthema. Aber einmal wurde er ernstlich böse, als nämlich unsere Tante ihn absichtlich ärgern wollte mit der naiven Frage, warum denn die Dänen den deutschen Flüchtlingen *heimlich* etwas zusteckten, was sie bei der von ihm so gepriesenen Freiheit doch gar nicht nötig hätten! Irgendeine „Kleinigkeit" schien ihr in seinen Darlegungen doch nicht zu stimmen. Als er nun sowieso schon böse und zornig geworden war, hing Tante Amalie gleich die Frage an, ob die Lagerleitung es ihr wohl gestatten würde, am Totensonntag das Grab in Tarnborg zu besuchen. Erst schnappte er nach Luft, berichtete unsere Tante, dann versuchte er, ihr klarzulegen, dass sie als Flüchtling zusammen mit den Dänen wohl nicht auf den Friedhof gehen könne. Er wolle sich aber dafür einsetzen, dass sie eine Woche nach dem Totensonntag das Grab besuchen dürfe. Unsere Tante hatte das Gefühl, als ob er Angst davor hätte, dass sie ihm jetzt eine Szene vorspielen würde. Tatsächlich aber war auch sie davon überzeugt, dass es richtiger war, die deutschen Flüchtlinge nicht zusammen mit den Dänen auf die Friedhöfe gehen zu lassen; die Deutschen konnten ihre Gräber ebenso gut eine Woche später aufsuchen. Die Aussicht auf eine Fahrkarte nach Tarnborg und damit auf einen Besuch des Grabes stimmte unsere Tante außerordentlich friedlich – und dankbar!

Eine Woche nach Totensonntag erhielt Tante Amalie tatsächlich eine Rückfahrkarte nach Tarnborg, und die Lagerinsassen beneideten sie! Ob diese gar nicht darüber nachdachten, für welchen Preis die Tante nach Tarnborg fahren konnte!

Unsere Tante versuchte des Öfteren, uns zu beschreiben, wie seltsam einem Flüchtling zumute war, der nach Monaten des Eingesperrt seins wieder als freier Mensch durch die Straßen spazieren konnte. Es war ein Hochgenuss für sie, wieder in die Schaufenster zu gucken, sie freute sich über die Bahnfahrt wie ein Kind, und die fremden Menschen, die mit ihr zusammen im Zug saßen, beneidete sie aus vollem Herzen! Tante Amalie liebte es, in Tarnborg das Bahnhofshotel aufzusuchen und sich dort heimlich umzuschauen. Und es war schrecklich für sie, nach einem ganzen Tag in der Freiheit wieder ins Lager zurück zu müssen. Nur weil ihre Kinder dort waren und einen ganzen langen Tag zusammen mit

Lottchen auf ihre Rückkehr gewartet hatten, beeilte sie sich, so schnell wie möglich wieder zu ihnen zu kommen. Nach solchen „Ausflügen" brauchte unsere Tante mehrere Tage, um mit ihren Gedanken wieder ganz „da" zu sein.

Dieser erlaubte „Ausflug" nach Tarnborg spielte sich diesmal ganz anders ab als der unerlaubte damals! Tante Amalie war sehr auf der Hut, wieder vom Gärtner, noch vom ehemaligen Lagerleiter, noch vom Küchenfenster des Schusters aus auf dem Friedhof entdeckt zu werden, denn da ihr damals mit so viel Liebe aufgetischte Essen war ihr doch auf den Magen geschlagen. Lieber verzehrte Tante Amalie ihr mitgebrachtes Brot allein auf einer Bank im Friedhof und hing am Grab des Kindes ihren Gedanken nach, als dass sie von sehr lieben Dänen, die es wirklich gut mit ihr meinten, dreimal hintereinander zum Essen eingeladen wurde. Unsere Tante hatte diesmal „Glück", unbehelligt konnte sie sich auf dem Friedhof aufhalten und die Rückfahrt antreten. Freilich fehlten ihr jetzt die netten Mitbringsel, aber Lottchen und die Kinder waren weder traurig noch enttäuscht!

Langsam mussten sich die Flüchtlinge mit dem Gedanken vertraut machen, dass sie das bevorstehende Weihnachtsfest ebenfalls im Lager verleben mussten. Für alle Mütter war es wohl das wichtigste, dass die Kinder so wenig wie möglich zu spüren bekamen, dass es etwas Ungewöhnliches für alle war, dieses schöne Fest nicht im Kreise der ganzen Familie zu feiern. Die Kinder sollten kleine Geschenke erhalten, und außerdem sollte der Weihnachtsmann zu ihnen kommen. Die Lagerleitung hatte beabsichtigt, so erzählte uns die Tante, ein gemeinsames Weihnachtsfest zu feiern. Da aber der Gemeinschaftsraum nicht so groß war, dass sowohl die Kinder als auch die Erwachsenen genügend Platz darin hatten, verzichtete man schließlich ganz auf die gemeinsame Feier. Unserer Tante war diese Entscheidung insofern aus dem Herzen gesprochen, als sie sich ein wenig vor dem Gesang der Weihnachtslieder fürchtete. Sie wusste, dass sie dann in Tränen ausbrechen würde, und das wiederum würde ihre Kinder nur unnütz erschrecken und ihnen die Freude an der Feier nehmen. Lottchen und Tante Amalie dachten viel darüber nach, wie sie aus dem Nichts den Kindern etwas Schönes zu

Weihnachten basteln konnten. Aus Buntpapier und dünner Pappe klebten sie den beiden ganz ansehnliche Bilderbücher, außerdem sollten sie einen Hampelmann haben. Aus Zeugresten, die die Schneiderin des Lagers unserer Tante schenkte, nähten sie weiße Blusen für die Kinder, die sich mit blauem Garn, das sie aus den Zuckersäcken gezogen hatten, bestickten. Dies alles erforderte natürlich ungeheuer viel Zeit, und sowohl die Tante als auch Lottchen waren so emsig mit den Weihnachtsvorbereitungen beschäftigt, dass die letzten Wochen vor dem Fest wie im Fluge vergingen. Overbetjent Hansen fragte freundlicherweise unsere Tante nach den kleinen Wünschen ihrer Kinder, und unsere Tante war glücklich darüber. Sie gab ihm Monikas Puppe, die sie zwar aus Deutschlang mitgenommen, die aber die Flucht nicht heil überstanden hatte, zur Reparatur mit, und für Wolfgang wünschte sie sich von ihm ein „richtiges" Bilderbuch. Die Puppe konnte aber in Brombaerskov nicht mehr repariert werden, stattdessen brachte er für die Kleine eine niedliche, als Holz geschnitzte Katze mit, worüber sich die Tante sehr freute!, und für Wolfgang hatte er ein hübsches Bilderbuch mitgebracht. Overbetjent Hansen wünschte der Tante ein frohes Weihnachtsfest und versuchte, sie zu trösten. Ihm war wohl auch klar, dass dieses Fest von den Flüchtlingen in ziemlich gedrückter Stimmung gefeiert werden würde.

Am 24. Dezember vormittags war Tante Amalie wieder unterwegs im Lager, um für den 1. Weihnachtstag „Kartoffelschälfrauen" anzuheuern. Das war diesmal nicht ganz einfach, denn viele Frauen wollten sich drücken und hatten diese und jene Entschuldigung. Unsere Tante brauchte für den Rundgang mehr Zeit als sonst, und als sie wieder in ihre Stube zurückkam, waren Wolfgang und Monika gerade damit beschäftigt, zwar getragene, aber sehr gut erhaltene Schuhe, die die Männer der Wache „draußen" für die Flüchtlingskinder zum Weihnachtsfest gesammelt hatten, anzuprobieren. Alle Kinder des Lagers waren der Reihe nach in die Wachstube bestellt worden, um dort ihre Schuhe in Empfang zu nehmen. Zu den Schuhen hatte man noch kleine Naschereien gelegt. Monika war besonders glücklich über ihre Schuhe, denn sie hatte Lackschuhe erhalten, so schöne, wie sie sie noch nie zuvor besessen hatte. Die Kinder im Lager waren, so klein sie auch noch z.T. waren, durchaus dazu in der Lage, sich auch über Kleidungsstücke zu freuen, es musste also nicht immer Spielzeug sein, das sie glücklich machte. Die beiden Kinder unserer Tante schienen sich über die geschenkten Schuhe ungeheuer zu freuen, denn sie waren außer Rand und Band, von einer gedrückten Stimmung konnte bei ihnen gottlob überhaupt nicht die Rede sein. Wie unsere Tante berichtete, gab es sowohl am 24., als auch am 25. Und 26. Dezember ein außerordentlich gutes Mittagessen, alle aßen langsam und mit Genuss. Für den Nachmittag des 24. Dezember hatte unsere Tante die „bekannte" Lagertorte hergestellt, und für den Bunten Teller gab es aus feinem Grieß, Mandelöl und Puderzucker hergestellte Marzipankartoffeln; die Lagerleitung hatte Kekse und einige Bonbons für die Kinder verteilen lassen, so dass wohl alle dem Heiligabend mit Zuversicht entgegensahen. Der einzige Nervöse an diesem Nachmittag war wohl der Weihnachtsmann. Er war ein etwa 30jähriger Mann aus dem Lager, dem die Mütter mit großer Geduld und Überredungskunst klarmachen mussten, dass ein Weihnachtsmann für die Kinder „her musste", und dass die Wahl auf ihn gefallen war. Am Nachmittag ging er mit seinem Notizbuch in der Hand noch einmal von Stube zu Stube, um sich zu vergewissern, dass seine inzwischen zusammengetragenen Informationen auch noch stimmten. Als er dann am frühen Abend an Tante Amalies Stubentür klopfte, ein wenig zu laut und grob, fand sie, waren ihre Kinder kaum noch zu halten. Sie sagten – wie sie es auch zu Hause hätten tun müssen – artig ihre Weihnachtsgedichte auf, der Weihnachtsmann langte in seinen großen vollen Sack, überreichte ihnen ihre Geschenke – und verschwand ebenso laut und grob wie er gekommen war, um an die nächste Tür zu klopfen. Die Kinder waren mit ihren Geschenken selig, und es war schade, dass die Väter aller Kinder nicht dabei sein konnten, um zu sehen, wie glücklich ihre Familie an diesem Abend war.

Es gab auch Frauen im Lager, die es verstanden hatten, ihre Beziehungen nach draußen so weit spielen zu lassen, dass sie sich mit derartig kleinen Geschenken für ihre Kinder nicht zu begnügen brauchten. Als Lottchen und unsere Tante am Heiligabend nach all dem Trubel noch eine Spaziergang durch das Lager machten, sahen sie, wie

Frauen sich bemühten, sogar schwere Holzschaukelpferde über den Zaun zu wuchten, die ihnen von starken Männerarmen „auf der anderen Seite" herüber balanciert wurden. Freilich durften die Kinder auf ihren Schaukelpferden nur dann sitzen, wenn kein Besuch von „stubenfremden" Lagerinsassen zu erwarten war, und unsere Tante wusste, dass manches Mal die Kinder geradezu von ihrem Spielzeug gerissen worden waren, wenn sie unverhofft in die Stube trat, um eine der Frauen zur Arbeit in der Küche aufzurufen. Leider konnte sie die Frauen nicht daran hindern, ihre Kinder derart zu „misshandeln", denn keine traute der anderen, und Petzereien bei der Lagerleitung standen zuweilen auf der Tagesordnung. Eine Woche später, am Altjahrsabend, war Tanz in der Festbaracke bis weit in den 1. Januar hinein. Die altbewährte, fleißige Hauskapelle spielte unverdrossen einen Tanz nach dem anderen. Tante Amalie trat mit ihren klobigen „Schlurren" pausenlos auf die Füße der anderen, aber alle hatten ihren Spaß an der Tanzerei, waren unbeschwert fröhlich und fielen am frühen Morgen müde und mit lahmen Beinen in ihre Betten. Bis zum Mittagessen waren sie wieder fit, und am Nachmittag des

1. Januar hatten die Flüchtlinge noch einmal eine Zusammenkunft in der Festbaracke, diesmal eine feierliche Zusammenkunft, erklärte unsere Tante. Statt Tanzmusik erschollen Heimatlieder, so dass viele der Anwesenden von Heimweh geschüttelt wurden, laut weinten und nicht imstande waren, diese Heimatlieder mitzusingen. Unsere Tante fand es sehr unvernünftig, bei solchen Zusammenkünften Heimatlieder singen zu lassen, denn man wusste doch, dass da in eine allgemeine Schluchzerei führte, aber „Heimatliedersingen" gehörte dazu wie das Amen in der Kirche.

Mit dieser Feier waren fürs erste die Festlichkeiten beendet, und der eintönige Alltag begann wieder … bis endlich die Postsperre aufgehoben wurde. Tante Amalie gehörte zu den Glücklichen, die ziemlich zu Anfang Post erhielten. Der erste Brief war von ihrem Mann. Er schrieb ihr, dass er gesund sei und in der Nähe Hamburgs Unterkunft gefunden habe. Über den Tod seines jüngsten Kindes war er sehr erschüttert; in Gedanken hatte er einen bald eineinhalbjährigen Sohn vor Augen, und was unsere Tante halb überwunden zu haben glaubte, musste er erst jetzt verkraften. Von nun an gingen Briefe hin und her. Zwar war eine bestimmte Anzahl von Briefen, die man versenden durfte, vorgeschrieben, aber im Großen und Ganzen kam Tante Amalie mit ihrer Schreiberei zurecht. Jetzt war die tägliche Verteilung der eingegangenen Post das Wichtigste für alle Flüchtlinge, und die meisten erhielten positive Briefe aus Deutschland. So schrieb Tante Amalies Mann auch fortwährend, sie solle so schnell wie möglich wieder „nach Hause" kommen, er hätte ein hübsches Zimmer mit Küchenbenutzung, und außerdem hätte er einen Garten voller Kartoffeln und Gemüse. Ein paar Kaninchen ständen auch im Stall.

Mitte Januar 1946 rief Overbetjent Hansen unsere Tante wieder in sein Büro, um ihr u.a. mitzuteilen, dass er und seine Hipos durch die Wehrmacht abgelöst werden würden, und zwar solle bis Mitte Februar diese Veränderung durchgeführt sein. Das kam sehr überraschend für unsere Tante und erfüllte sie mit einer ziemlichen Niedergeschlagenheit. Sie hatte sich im Laufe der Monate so sehr an die Gespräche mit diesem intelligenten und gerecht denkenden Menschen gewöhnt, dass sie sich vorerst nicht mit dem Gedanken vertraut machen konnte, in Zukunft ohne ihn auskommen zu müssen. Tante Amalie hatte zwar, wie sie uns immer wieder beteuerte, keinerlei Vorteile durch ihn – einige Flüchtlinge nahmen ihr das aber nicht ab! - , jedoch wusste sie, dass jemand im Lager war, den sie zu jeder Zeit um Rat fragen konnte und der ihr auch in jeder Lage helfen würde. Außerdem hatte sie ihren besonderen Spaß daran, ihm zuzuhören, wie er Deutsch sprach: er sprach recht gut, aber manches Mal gebrauchte er so ungewöhnliche Wörter und seine Aussprache konnte so komisch für unsere Tante sein, dass sie ihn oft laut lachend verbesserte. Zu Anfang hatte sie ihm gegenüber einmal geäußert, dass sie gern Dänisch lernen würde. Dem stände nicht im Wege, war seine Antwort. Tante Amalie aber hatte nie begonnen, Dänisch zu lernen, während umgekehrt Overbetjent Hansen von Woche zu Woche ein besseres Deutsch sprach!

Tatsächlich wurde Mitte Februar die Bewachung des Lagers der dänischen Wehrmacht übertragen. Alles ging schneller, als unsere Tante je gedacht hatte. An dem fraglichen Vormittag ließ Overbetjent Hansen seine Männer in der Hauptstraße des Lagers antreten, dann marschierten Wehrmachtsangehörige auf, Overbetjent Hansen übergab das Kommando und entließ seine Männer. Als er das Lager für immer verließ, trat er auf unsere Tante zu – sie stand in der vordersten Reihe der zuschauenden Flüchtlinge – und drückte ihr zum Abschied noch einmal die Hand. – Einen Tag vorher hatte er ihr die Reiseschreibmaschine mit einem frischen Farbband ausgehändigt zusammen mit einer gestempelten Bescheinigung, dass die Maschine ihr Eigentum sei. Die Bescheinigung über das vollzogene Leihgeschäft ließ er sich von unserer Tante zurückgeben.

Unsere Tante erzählte uns, dass sie Overbetjent Hansen nur noch ein einziges Mal wiedergesehen hat; es war am 23. Februar 1946, dem Geburtstag ihres Mannes, als er unverhofft ins Lager kam, um auf einige Fragen seitens der neuen Bewachung näher einzugehen. Er ließ sie noch einmal zu sich kommen, sie sprachen belanglose Sätze miteinander, sahen sich unverwandt an und drückten sich zum Abschied ein letztes Mal die Hände.

Nach den Berichten unserer Tante Amalie hatte sich das Leben im Lager durch die Bewachung seitens des Militärs nicht viel verändert. Man hatte nun schon den Monat

April erreicht, und die Flüchtlinge waren bereits ein ganzes Jahr im dänischen Lager. Fast jeder kannte jeden; inzwischen waren auch zwei oder drei Hochzeiten im Lager gewesen, von denen unsere Tante fast schwärmte. Zur Trauung kam der Pastor ins Lager, und es soll unglaublich gewesen sein, was die Flüchtlinge für diese Hochzeiten aus dem Nichts geschaffen hatten: jede Braut war – wie selbstverständlich – in Weiß gekleidet, der Bräutigam trug einen dunklen Anzug und ein weißes Oberhemd. Allein dies zu besitzen, bedeutete für die Flüchtlinge einen ungewöhnlichen „Reichtum". Fand eine Hochzeit statt, so gab es für alle Lagerinsassen ein besonders gutes Mittagessen; für die Brautleute und deren Gäste gab es sogar Bohnenkaffee und Kuchen und abends war Tanz im kleinen Kreise.

In jenem Monat April erkrankte plötzlich der älteste Sohn unserer Tante, Wolfgang, an Darmkatarrh. Nachdem sich über Tage hinaus sein Zustand nicht besserte, sondern eher verschlechterte, wurde auch er ins Deutsche Lagerkrankenhaus nach Kongehavn gebracht, wo ja bereits sein kleiner Bruder gestorben war. Tante Amalie war zum zweiten Male

72

todunglücklich! Was sollte nur werden, wenn sie auch dieses Kind verlieren sollte? Diesmal ließ sie sich aber sofort nach Kongehavn verlegen, wo auch ein Flüchtlingslager existierte. So konnte sie doch das Kind täglich im Krankenhaus besuchen, denn der Arzt hatte ihr gesagt, dass Wolfgang sehr unter Heimweh leide, was seiner schlimmen Erkrankung nicht zuträglich sei. Der Arzt sorgte auch dafür, dass dieser Umzug überhaupt möglich wurde. Der Transport mit ihrer kleinen Tochter, die gottlob immer munter und fidel war, vollzog sich mühelos. Viele Sachen besaßen sie ja nicht. Lutz' Kinderwagen hätte unsere Tante jetzt gern als Transportmittel zur Verfügung gehabt, aber diesen hatte unsere an eine andere Mutter, die wohl ein Baby, aber keinen Kinderwagen besaß, weitergegeben. Diese hatte ihr dafür das sehr begehrte blau/weiß karierte Bettzeug geben könne, woraus unsere Tante den Kindern allerliebste Kleidchen und Blüschen genäht hatte. Unsere Tante musste Lottchen zu ihrem Kummer in Brombaerskov zurücklassen. Ein Dienstwagen brachte die Tante mit ihrer kleinen Monika an einem Nachmittag, als ihr Wolfgang bereits seit bald 14 Tagen im Krankenhaus lag, nach

Kongehavn, wo sie ein erheblich größeres Lager als in Brombaerskov vorfand. Sie hatten hier auch kein Eckstübchen für sich allein, sondern kamen in einen großen Raum, der mit 16 Personen belegt war. Jede Familie hängte um ihr „Revier" Wolldecken, um so einigermaßen gegen die Blicke der Nachbarn abgeschirmt zu sein. Monika und Tante Amalie gewöhnten sich äußerst schwer an die neue Umgebung, aber die Zimmernachbarn waren freundlich zu ihnen, und das ermutigte sie. Als unsere Tante am Tag nach ihrer Ankunft in Kongehavn ihren Wolfgang im Krankenhaus besuchen durfte, erschrak sie zutiefst: auch er war in der Zwischenzeit zu einem Skelett abgemagert. Seine Haut war total ausgetrocknet, sie fasste sich an wie Pergamentpapier. Seine Stirn war von den vielen Kochsalzspritzen zerstochen, und der Durchfall und das Erbrechen waren immer noch nicht zum Stillstand gekommen. Unsere Tante hatte jetzt nur noch die kleine Monika um sich, und sie war natürlich zu klein, um sie trösten zu können, aber das kleine fröhliche Wesen gab ihr doch so viel Kraft, dass sie nicht verzweifelte. Ganz langsam erholte sich ihr Sohn wieder, und am 100. Tag durfte er das Krankenhaus verlassen. Während der ersten beiden Monate im Krankenhaus erhielt das Kind nur Haferschleim, und es bettelte jeden Morgen, jeden Mittag und jeden Abend nach einer einzigen Schnitte Brot – aber man durfte sie dem Kind nicht geben. Nach diesen zwei Monaten jedoch wusste Tante Amalie endlich, dass ihr Sohn wieder gesund werden würde, und die Welt sah für sie wieder ganz anders aus! Nachdem sich Wolfgang zusehends erholte, durfte die Tante ihn im Krankenhaus morgens selbst baden und ihm das Essen reichen, und als er endlich aufstehen durfte, konnte sie sogar mit ihm draußen ein paar Schritte spazieren gehen.

Im Gegensatz zu seiner Mutter und seiner Schwester war der kleine Wolfgang in der neuen Umgebung schnell zuhause. In dem beträchtlich größeren Lager machte Tante Amalie mit ihren Kindern weite Spaziergänge und erzählte ihnen dabei die schönsten Märchen, die sie jedes Mal um einige Erlebnisse erweiterte, so dass die Tante zuweilen fast erschöpft vom vielen Erzählen zurückkehrte. Sowohl ihr Sohn als auch ihre Tochter können sich noch heute recht gut an diese Zeit im Lager erinnern; in der Tat, für sie war es eine „schöne" Zeit gewesen!

In diesem Lager lernte unsere Tante wieder andere Menschen kennen, und sie hörte von schrecklichen Schicksalen. Hier war sie kein „Kartoffelspieß" mehr, sondern sie schälte selbst einmal in der Woche eimerweise Kartoffeln, wie die anderen Frauen auch. Sie fand es gut, dass hier für die Unterhaltung erheblich mehr getan wurde als in dem kleineren Lager in Brombaerskov. Je mehr Menschen in einem Lager zusammenlebten, desto mehr wurde wohl für Abwechslung gesorgt!

Der Sommer ging schnell dahin; durch Wolfgangs lange Krankheit kam er unserer Tante kurz vor; der Herbst kam, und bald tauchten Gerüchte im Lager auf, dass diejenigen Flüchtlinge nach Deutschland zurückkehren durften, die dort eine Unterkunft nachweisen konnten. Onkel Franz schickte unserer Tante daraufhin sofort eine solche Bescheinigung, vom Bürgermeister seines Wohnortes unterschrieben. Anfang Oktober 1946 wurde im Lager offiziell bekanntgegeben, dass zuerst die Hamburger unter der obigen Voraussetzung nach Hause fahren sollten. Da sich unser Onkel „im Bezirk Hamburg" aufhielt, wurde auch unserer Tante die Reisegenehmigung erteilt. Sobald sie von ihrer

Heimreise überzeugt war, fing sie an, Ihre Habseligkeiten durchzusehen und zu überprüfen, was sich lohnte, mit nach Hamburg genommen zu werden. Als „Koffer" organisierte sie sich ein kleines weißes Schränkchen. Es war unglaublich, wie viel dieses Schränkchen fassen konnte – es war aber auch beachtlich, wie viel unsere Tante schon wieder besaß! Besonders stolz war sie auf die geschmackvolle Oberbekleidung ihrer Kinder, und sie selbst hatte sich z.B. aus einer grauen Wolldecke vom Lagerschneider einen hübschen Mantel anfertigen lassen, der sich sehenlassen konnte. Des Weiteren besaßen sie gutes Schuhzeug und reichlich Unterwäsche. Da sie im Lager nicht gerade hungerten, hatte Tante Amalie angefangen, von ihren Brot- und Zuckerrationen laufend etwas abzusparen, so dass sie nicht mit leeren Händen nach Hause zurückkehren brauchte, denn sie wusste ja von unserem Onkel Franz, dass Lebensmittel in Deutschland sehr knapp waren.

Am 19. November 1946 wurde unsere Tante Amalie mit ihren beiden Kindern und dem „unhandlichen" Koffer in Kongehavn in den Zug nach Kolding gesetzt. Der Zug hielt auf verschiedenen Stationen, um auch dort einige wenige Flüchtlinge mit Heimaterlaubnis aufzunehmen. In Kolding wurden alle Flüchtlinge registriert, untersucht und noch einmal in Baracken untergebracht. Nach einigen Tagen händigte man ihnen Flüchtlingsausweise und Fahrkarten nach Oldenburg aus. Und während unsere Tante Amalie sich bemühte, mit den Kindern so schnell wie möglich von Oldenburg nach Hamburg zu gelangen, fuhr unser Onkel Franz ihr schon mit einem Güterzug von Hamburg nach Oldenburg entgegen, denn unsere Tante hatte ihm glücklich ihre Ankunft in Oldenburg telegrafiert. Die Folge davon war, dass sie sich leider verpassten! Immerhin war die Familie unserer Tante am 26. November 1946 wieder vereint.

Übrigens hatte Tante Amalie beim Grenzübergang keinerlei Schwierigkeiten. Die Zöllner interessierten sich weder für ihren großen „Koffer" noch für ihre so heiß umkämpfte Schreibmaschine! Dass unsere Tante 5 aufgesparte Brote mit nach Hamburg bringen konnte, rechnete unser Onkel Franz ihr so hoch an, dass er diese Tatsache noch heute lobend im Kreise der Freunde und Bekannten erwähnt!

Ja, das war die Geschichte unserer Tante Amalie, aber wenn ich sie mir so recht durch den Kopf gehen lasse und unsere Tante beim Erzählen so spitzbübisch lächeln sehe, kommt mir fast der Verdacht, dass uns unsere Tante doch noch etwas verheimlicht. Wenn sie nämlich von ihrem „Hünen mit Brille" redete, dann kam sie fast ins Schwärmen, als gehöre die schwerste Zeit ihres Lebens bereits zur „schönen alten Zeit".

Zeitfracht Medien GmbH
Ferdinand-Jühlke-Straße 7
99095 Erfurt, Deutschland
produktsicherheit@kolibri360.de